Lilith Fia Hill

Weiße Seele, schwarzes Blut
Trauma Kindesmissbrauch in Lyrik verpackt

Lilith Fia Hill

Weiße Seele, schwarzes Blut

Trauma Kindesmissbrauch in Lyrik verpackt

Rediroma-Verlag

Bibliografische Information der Deutschen Nationalbibliothek:
Die Deutsche Nationalbibliothek verzeichnet diese Publikation in der Deutschen Nationalbibliografie; detaillierte bibliografische Daten sind im Internet über http://portal.dnb.de abrufbar.

ISBN 978-3-98527-586-1

www.rediroma-verlag.de
13,95 Euro (D)

Inhaltsverzeichnis

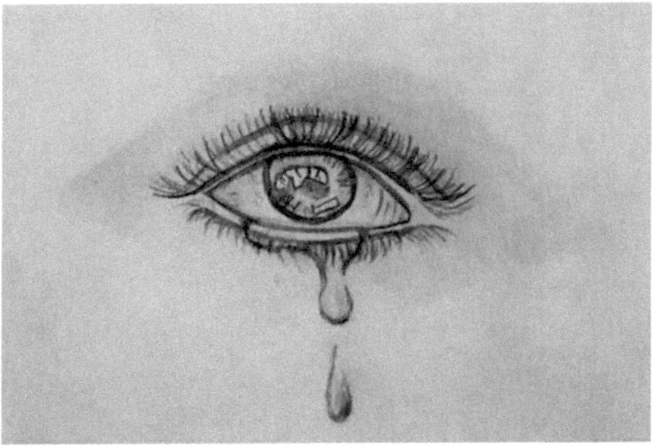

gez. Lilith Fia Hill 25. Jan 2022

Vorwort

Es ist ein Leben, das sich kein Mensch vorstellen kann. Es ist nicht einfach, mit so einer Geschichte ein Leben lang zu leben.

Es geschieht sehr oft in den eigenen vier Wänden, wo dich niemand sieht, geschweige denn hört. Meist ist es ein vertrauter Mensch, der dich durchs Leben führen soll. Es geschieht sehr vielen Kindern, Jugendlichen sowie Erwachsenen. Mein Gefühl ist einfach, dass die Gesellschaft davor die Augen verschließt.

Ich denke, vielleicht aus Angst, etwas falsch zu machen. Die ersten Personen, denen wir im Leben vertrauen, sind unsere Eltern. Leider sind es mitunter auch gerade die eigenen Eltern, die ein Leben für immer kaputt machen können. Man kann die Ereignisse nicht mehr aus seinem Leben streichen, sie verfolgen einen wie ein Schatten. Rettung gibt es sehr selten, es wird viel zu spät eingegriffen, so dass es im

schlimmsten Fall ein tragisches Ende nimmt. Doch langsam gibt es mehr Menschen, die den Mut aufbringen, ihrem alten Leben ein neues Gesicht zu geben. Schwierig wird es für kleine Kinder, die schutzlos ihren Eltern oder auch anderen Erwachsenen ausgeliefert sind.
So haben kleine Kinder überhaupt keine Chance, sich gegen eine erwachsene Person zu wehren. Da wird es zum Opfer eines der für mich schlimmsten Verbrechen: des sexuellen Kindesmissbrauchs. Die Täter/innen kommen oft ungeschoren davon. Auch ich habe das leider in der Kindheit und Jugend erlebt. Es begann bei mir zwischen dem dritten und dem vierten Lebensjahr. Es gibt nicht viele Möglichkeiten, die man hat. Eine ist, die Hölle, das, was mit einem gemacht wird, zu ertragen. Das Traurigste und Emotionalste, was ein Mensch aus Verzweiflung machen kann, ist der Selbstmord. Umso aus diesem Teufelskreis zu entkommen. Diese Gedanken begannen bei mir

mit sieben Jahren. Aus diesem einen Gedanken wurde ein missglückter Versuch mit Tabletten. Trotzdem hatte ich immer noch diese Gedanken, nicht mehr leben zu wollen.

Ich konnte es nicht ertragen, dass es mein eigener Vater war, der mir so etwas Schlimmes antat. Wie kann es möglich sein, dass ein Kind, das bedingungslos seine Eltern von ganzem Herzen liebt, es nicht schafft, von ihnen geliebt zu werden? Auf diese Frage werde ich nie eine Antwort bekommen. Was mich sehr traurig macht, ist die Tatsache, dass es viel zu viele Kinder und Jugendliche betrifft wie mich. Auch viele Erwachsene leiden oft unter den Folgen, die Dunkelziffer ist enorm hoch.

Das wahrscheinlich Beeindruckendste ist, egal, wie brutal Eltern zu ihren Kinder sein können, die Kinder lieben ihre Eltern bis zu einem gewissen Zeitpunkt von Herzen. Selbst wenn Eltern ihre Kinder nicht lieben, tun die Kinder es bedingungslos.

Ich habe meine Eltern als Kind geliebt, aber es gelang mir nicht, sie von den schlimmen Dingen abzuhalten. Meine Mutter ging fort, da war ich erst drei Jahre alt, meine Liebe konnte sie nicht aufhalten. Meine Liebe konnte meinen Erzeuger nicht davon abhalten, seine perfiden Gedanken und Taten auszuleben. Selbst als ich so weinte, wurde ich ausgelacht und gleichzeitig beschimpft. Mir wurde verboten zu weinen, überhaupt traurig zu schauen.

All das Böse in meiner Kindheit hatte eine ungeheure Macht, gegen die ich nicht ankam. Die Liebe, sie war machtlos und schwach, bis sie irgendwann erlosch. Ich hatte nur noch einen einzigen Menschen, die mich sehr liebte, meine Oma. Sie war die Mutter meines Erzeugers. Wie viel sie von all dem mitbekam oder wusste, das weiß ich nicht. Fest stand, ich durfte kein Wort sagen. Mir wurde es verboten, über gewisse Dinge zu sprechen. Er wusste genau, wie er mich einschüchtern konnte.

Meine Oma war siebzig Jahre alt, als ich auf die Welt kam. Da mir meine Oma viel bedeutete, schwieg ich wie ein Grab. Ich fühlte mich hoffnungslos verloren. Für mich war mein Erzeuger kein Mensch, sondern eine finstere Gestalt. Ihm bereitete es Vergnügen, seine Macht ausleben zu dürfen. Ich hatte als Kind so große Angst vor ihm und war schutzlos diesen Gegebenheiten ausgeliefert.

Immer zu schweigen, niemanden vertrauen zu können, zerriss mich sehr. Die Schule war der einzige Ort, an dem ich mich frei fühlte und mich von zuhause erholen konnte. Der Heimweg bereitete mir Bauchweh, was würde wieder zuhause passieren? Welche Laune hatte er? Ich hatte keinen Menschen, mit dem ich darüber sprechen konnte. Wer würde mir schon glauben, dachte ich mir. Ich hatte nicht wirklich Freunde. Draußen spielte ich zwar hin und wieder mit ein paar Kindern aus der Nachbarschaft, jedoch keine richtigen Freunde, mit denen man reden konnte, das nicht. Die einzigen Freunde, die ich hatte, waren meine Kuscheltiere und mein Kater Nicki, ein Siammischling. Ihnen schüttete ich mein Herz aus. Sie waren die einzigen Zeugen. Meine Kuscheltiere konnte ich in die Arme schließen. Ich weinte sehr oft, die ganze Nacht lang, wenn ich alleine war. Für meine Oma musste ich immer lachen und glücklich sein. Obwohl mir zu weinen zumute war, kämpfte ich mich irgendwie durch den Tag. Ich flüchtete mich in Traumwelten, wünschte oft, nicht mehr aufzuwachen. Die Realität holte mich immer wieder ein. Der Blick wanderte immer zur Tür. Ich schaute unter den Türspalt, ob ein Schatten zu sehen war. Das Herz schlug mir bis in den Kopf. Wenn kein Licht mehr zu sehen war, konnte ich ausatmen. Meine Mutter sah ich sehr selten. Für mich war sie eine fremde Person, die mich bei einem Monster gelassen hat. Für das Sorgerecht, welches sie ihm freiwillig überlassen hatte, erhielt sie sogar dafür 300,00 Mark. Sie wusste, was daheim geschah und was für ein Mensch er war. Für sie war ich eine Last, eine Brut des Bösen. Ich finde es beschämend, dass es in Deutschland immer noch so geäußert wird, dass ein Kind, das sexuellen Missbrauch erlebt hat, als unglaubwürdig hingestellt wird. Sehr oft wird die Glaubwürdigkeit der Kinder in Frage gestellt. Das ist auch einer der Gründe, warum Täter/innen ihre Macht so ausleben können. Sie wissen genau, wie sie mit ihren Opfern umgehen müssen. Auch wissen sie, wie sie sich in der Außenwelt präsentieren müssen, um nicht aufzufallen. Hier muss ich das Gutachten, das von mir erstellt wurde, ernsthaft hinterfragen. Ich kam mit neun Jahren in ein Kinderheim, wegen den Verhaltensauffälligkeiten. In dieser Fachinstitution sollte ein Gutachten erstellt werden. Ich versuche, es mit meinen Worten zu beschreiben. Es steht dort: Als ich sechs

Jahre alt war, wandte sich eine Erzieherin des Kindergartens, den ich besuchte, an das Jugendamt, sie äußerte den Verdacht des sexuellen Missbrauchs. Sie bemerkte die ersten Auffälligkeiten, als ich fünf Jahre war. Es gab eindeutige Hinweise und das Jugendamt fragte natürlich meinen Erzeuger. Es fand ein Beratungsgespräch statt: »Herr S. haben Sie Ihre Tochter sexuell missbraucht?«

»Nein, natürlich nicht!« So verschwand das Jugendamt vom Bildschirm. Eine Erzieherin eines Kinderhortes, den ich immer nach der Schule und in den Ferien besuchte, meldete sich, als ich acht Jahre alt war, beim Jugendamt. Auch sie äußerte den Verdacht des sexuellen Missbrauchs mit eindeutigen Hinweisen. Daraufhin kam ich mit neun Jahren ins Heim. In dieser Zeit äußerte ich zum einen, dass ich große Angst vor meinen Vater hatte, weil er mich mit einem Stock verprügelte und mit Geschirr nach mir schmiss. Ich wusste auch

ganz genau, dass ich geschildert hatte, welche schmutzigen Dinge er mit mir machte, wenn auch in kindlicher Sprache. Ich zitiere einen Satz aus dem Gutachten:
»Das Kind prostituiert sich ein Stück weit und die Beziehungen, die sie zu ihren elterlichen Bezugspersonen hat.« Wie ich diesen Satz verstehen soll, weiß ich nicht. Es steht weiter dort, dass ich ein Kind sei, das ohne Zweifel Hilfe braucht oder bedarf. Ich zitiere weiter:
»Wir gehen heute davon aus, dass das Kind sexuell missbraucht wurde, wobei wir weder die Person des Täters kennen, noch die Art und Weise, in der dieser Missbrauch stattgefunden hat.« Worauf ich hinaus möchte, ist, dass eindeutig bewiesen wurde, was passiert ist, aber angeblich kannte man keinen Täter. Dass ich bei ihm aufgewachsen war und er das alleinige Sorgerecht hatte, wurde wohl übersehen. Daran sieht man auch, wie fahrlässig die Glaubwürdigkeit eines kleinen Kindes in Frage

gestellt wird. Es ist eine bodenlose Unverschämtheit, was Kinder erleiden müssen und dabei noch exakte Angaben zum Tathergang erzählen müssen, inklusive Datum und Uhrzeit. Ob es regnet oder schneit! Des Weiteren zitiere ich: »Der Verdacht des sexuellen Missbrauchs von dem Kind lässt sich aufgrund unserer Erfahrungen und Beobachtungen erhärten und muss mit an Sicherheit grenzender Wahrscheinlichkeit als begründet gelten. Wie oben bereits gesagt, lässt sich der Täter nicht eindeutig personifizieren.«

Was soll ich dazu noch sagen? So sind Kinder schutzlos den Tätern ausgeliefert, ganz gleich ob Frau oder Mann. Obwohl ein Kind gesagt hat, wer das gemacht hat. Kinder haben oft große Angst, weil sie eingeschüchtert werden. Das verleiht den Täter/innen eine Machtposition, ihre kranken Fantasien weiter ausleben zu dürfen. Es bereitet ihnen sehr viel Vergnügen und Lust, sich an Schutzbefohlenen

zu befriedigen. Ich zitiere: »Bei einer Kinderbesprechung zum Thema Vergewaltigung, erklärte das Kind, wie weh das tut! Sie bemerkt, dass der Samen eines Mannes unterschiedlich schmeckt, wenn Knoblauch oder was anderes gegessen wurde.«
Weiter: »Unabhängig von der Richtigkeit dieser Ausführung beeindruckt das Kind diesbezüglicher Fantasie.« Ich will nichts Falsches sagen, Kinder haben mit Sicherheit Fantasie, aber ich frage mich, kann eine Fantasie so weit gehen? Wie viele Kinder sind von sexuellem Missbrauch betroffen? Wie viele von ihnen werden jahrelang nicht ernst genommen? Wie vielen wird nicht geglaubt und wie viele müssen solche Qualen erleiden? Weil Kinder angeblich fantasieren.
Es macht mich wütend, dass Täter/innen bis heute sehr niedrige Strafen erhalten, von Bewährung bis zum Freispruch. Mit oft schlimmen Folgen haben die Betroffenen zu kämpfen,

deren Leben maßgeblich beeinflusst wird. Ich spreche aus eigener Erfahrung und möchte auf diesem Weg darauf aufmerksam machen, wie schwer es Kinder, Jugendliche und Erwachsene haben. Wo sollen sie denn nur hingehen, wie sollen sie sich wehren? Viele sind schwer traumatisiert und müssen ein Leben lang damit klar kommen. Die Folgen haben unterschiedliche Gesichter wie zum Beispiel:
PTBS, eine Posttraumatische Belastungsstörung, Angstzustände, Agoraphobie, sich mit kochendem Wasser verbrühen, sich ritzen, sich Verbrennungen zufügen, Depressionen,
Psychosen, Flashbacks, Borderline-Störung, Waschzwänge, Essstörungen jeder Art, Misstrauen zu Menschen, Abhängigkeit von Drogen und Alkohol bis hin zu Selbstmord. Das sind nur einige Beispiele von möglichen Folgen. In meinen Augen wird bis heute sexueller Missbrauch nicht ernst genug genommen.

Die Täter/innen haben einen Freifahrtschein, das wissen sie auch ganz genau. Wie geht mein Gutachten weiter? Nun bin ich mit neun Jahren in eine Fachinstitution, auf Grund von eindeutig bewiesenen Gründen des sexuellen Missbrauchs aufgenommen worden. Entlassen wurde ich mit elf Jahren.

Einer der letzten Sätze, die ich zitieren möchte: »Das Kind vereinigt in ihrer Person zugleich

»das Gute und das Böse»

oder, um es plastischer auszudrücken:

»die Jungfrau und die Hure.«

Mit diesen starken Worten soll deutlich zum Ausdruck gebracht werden, in welcher Zerrissenheit sich das Kind befindet.«

Ich bin der Ansicht, dass man eine Zerrissenheit auch anders ausdrücken kann.

Diese Worte finde ich dazu anmaßend und geschmacklos, sie stellen eine zusätzliche Demütigung dar.

Ab dem Tag, als ich dort entlassen worden bin, waren die Institution sowie das Jungenamt von der Bildfläche verschwunden. Es gab in meinem Fall keine weiteren Therapien oder dergleichen. Nun, war ich wieder den Gegebenheiten meines Erzeugers zuhause hilflos ausgeliefert.

Obwohl, ich ein Kind war, das ohne Zweifel Hilfe brauchte. Mit neunzehn Jahren hatte ich endlich den Mut, mithilfe zweier Menschen, die diese Gefahr sahen, mich aus dieser Lage zu befreien. Sie brachten mich weit weg in ein Frauenhaus. Dafür bin ich ihnen von Herzen dankbar. Nachdem ich knapp ein Jahr im Frauenhaus war, fand ich eine eigene Wohnung. Ich war bei einer Fachberatungsstelle, einem Verein gegen sexuellen Missbrauch. Dort lernte ich eine ganz liebe Dame kennen, die mich eine lange Zeit begleitet hatte. Auch bei allen Gerichtsverhandlungen, denn ich habe meinen Erzeuger mit 21 Jahren angezeigt wegen dem, was er mir in all den ganzen Jahren angetan hatte. Im Juli 2005 folgte das erste Urteil, drei Jahre und neun Monate, er ging dann in Revision. Im Dezember 2007 folgte dann das letzte Urteil, er wurde freigesprochen, im Zweifel für den Angeklagten. Auch wenn das Gericht von seiner Unschuld nicht überzeugt war. Ich gehe heute davon aus, dass die Zeugen nicht ganz unschuldig waren, da sie gegen mich ausgesagt hatten, naja, die ganze Familie war gegen mich. Wie sagt man so schön? Eine Krähe hackt der anderen kein Auge aus. Ich konnte zwar beweisen, dass ich in meiner Kindheit und Jugend sexuellen Missbrauch erlebt habe, was auch das Kindergutachten von 1995 belegte. Ich konnte jedoch nicht beweisen, wer der Täter war. Da reichte meine Aussage alleine leider nicht aus. So wie es leider in den meisten Fällen von sexuellem Missbrauchs ist, nur Täter und Opfer sind die einzigen Zeugen. Es hätte zum Beispiel ein eindeutiges Foto geben müssen oder Filmaufnahmen. Aber Beweise verschwinden manchmal auf unerklärliche Weise! Es gab allerdings Fotos, auf denen er mit jungen Mädchen zwischen, ich kann nur schätzen, etwa 13-16 Jahren abgebildet war. Meine Mutter war gerade mal 17 Jahre, als sie ihn kennenlernte und schwanger wurde.

In einem Brief, den meine Mutter 2005 an ihren damaligen Freund geschrieben hat, steht: »Das hat den Vater meiner Tochter, den ich mit 17 Jahren kennenlernte, nicht sonderlich interessiert, er war 42 Jahre. Naja, als ich ihn dann einmal besuchte, ist es passiert, obwohl ich noch gar nicht wollte und auch damit nicht einverstanden war.

Mehr will ich noch nicht erzählen, nur so viel, das erste Mal war schrecklich, scheiße, hässlich.« Zu wissen, unter welchen Umständen man wohl gezeugt wurde, ist mit unvorstellbaren Schmerzen, Wut und Scham verbunden.

In den letzten Jahren machte ich Therapien und Rehas. Ich gehe weiterhin in Therapie und werde, sobald ein Platz frei ist, eine Traumatherapie machen, ca. dieses oder nächstes Jahr. Ich habe bis heute mit Folgeschäden wie PTBS, einer Posttraumatischen Belastung Störung, dissoziativen Zuständen, Ängsten und Waschzwängen zu kämpfen. Nicht nur seelische auch körperliche Schäden habe ich erlitten.

Ich habe in meinem Fall keine Gerechtigkeit erhalten. Für Therapien und betreuerische Unterstützung habe ich kämpfen müssen, um die mir zustehende Hilfe zu bekommen. Das hat mich viel Zeit gekostet. Es ist jedoch nur ein kleiner Einblick, noch keine ausführliche Biografie. Aufgrund meiner Erkrankung wurde ich berufsunfähig und kam mit gerade mal 34 Jahren in Rente. Ich versuche heute, das Beste aus meinem Leben zu machen. Auch wenn nicht jeder Tag gleich ist, habe ich in-

zwischen schöne Dinge und Erfahrungen gesammelt. Ich versuche, mir meine Träume zu erfüllen. Einer davon ist das Schreiben. Anhand meines Gutachtens, aus dem ich ein paar Zeilen zitierte, möchte ich Einblicke geben, wie schwer es bis heute Kinder, Jugendliche und auch Erwachsene haben, die ihnen zustehende Unterstützung zu bekommen.

Jeder sollte eines nie dabei vergessen, irgendwann kann jeder einmal in die Situation eines Schutzbefohlenen geraten. Wie würde sich der eine oder andere dabei fühlen?
Mehr Schutz für Opfer!

Ich setze ein Zeichen

Gegen sexuellen Kindesmissbrauch!

Mit diesem kleinen Blick aus meiner Welt möchte ich Betroffenen ein wenig Trost, Mut, Hoffnung und Kraft spenden. Viel zu oft werden Betroffene vergessen. Das darf nicht passieren!

Dieses Gedicht widme ich allen Kindern, Jugendlichen und Erwachsenen, die sich infolge sexuellen Missbrauchs, Misshandlungen, Gewalt jeglicher Form, sich das Leben genommen haben und jenen, denen durch Gewalt das Leben genommen wurde!

Sternenhimmel

Ihr wart nicht schwach,
ihr wurdet von Menschenhand
einst umgebracht.
Von Menschen, denen man
glaubte zu vertrauen,
auch Fremde waren mit dabei.
Von den Menschen,
die euch einst nicht glaubten,
wurdet ihr verraten und vergessen.

Ich werde euch nie vergessen,
auch wenn ich nicht jeden von euch kenne,
weiß ich, wie sehr ihr gelitten habt.
Ihr hattet alle Träume,
Wünsche, Sehnsüchte,
doch sie wurden euch genommen.
Das, was man euch angetan hat,
war ein Verbrechen.

Ich hätte euch von Herzen
das Beste gewünscht.
Wünschte, ihr könntet die Sterne sehen,
eure Wünsche und Träume leben,
die Schönheit der Natur erleben,
doch all dies wurde euch genommen.
Nachts wenn ich den Himmel sehe,
seid ihr für mich das Licht.

Der ganze Sternenhimmel,
kreuz und quer, jeder noch so kleinste Stern,
ein Opfer eines Verbrechens.

Der Himmel voller Sterne,
soll aufmerksam machen,
wie viele gelitten haben,
wie viele Kinder,
Jugendliche und Erwachsene
heute noch leiden müssen!

Aus meiner Sicht,
zu viele noch die Augen schließen,
deswegen heute noch,
zu viele ihr Leben verlassen,
um sich von ihrem Leiden zu befreien.
Kein Opfer darf vergessen werden,
den Lebenden Respekt entgegen bringen!

Von Herzen Lilith Fia Hill

Ich hätte einst nicht gedacht, dass ich es schaffe, durch Menschen die mich haben zweifeln lassen. Sie sagten mir, weil ich nicht schreiben kann, wäre ich für dies und das nicht geeignet.
Ja ich schreibe nicht perfekt, mache Fehler ob groß oder klein, grammatikalisch hin und wieder ein Desaster.

Dennoch ist meine Fantasie grenzenlos weit, trotz meiner Legasthenie, macht mir das Schreiben Spaß. Wie ein Puzzle setze ich, Wörter in Sätze zusammen. Zeile für Zeile, sie gleiten leise nieder, auf dem noch liegenden Papier.

Sie ergeben alle zusammen von dem Menschen, der angeblich nicht schreiben kann, ein kleines Gedicht. Sie sagten mir, weil ich nicht schreiben kann, wäre ich für dies und das nicht geeignet.

Nur weil ich Legasthenikerin bin, was für ein Fehler, meine Fantasie ist grenzenlos weit, meine Gedichte sind mein Beweis!

Ich wollte doch nur einmal alles sagen dürfen, ohne mich dafür schämen zu müssen.
Das aufschreiben zu dürfen, befreit meine Seele. Es heilt leider nicht alle Wunden, denn mein Herz ist übersät mit vielen Narben. Es ist ein kleiner Blick, den ich gewähre, in den Tiefen des Ozeans, eine Welt der Gefühle, der Gedanken meines Lebens.

Das bin ich mit 4 Jahren

Ich werde nie vergessen

Ich werde nie vergessen,
wer du einst mal warst,
ich werde nie vergessen,
was du mir einst angetan.

Ich werde nie vergessen,
was für ein Dreckschwein du warst,
ich werde nie vergessen,
was einst mal war,
vor all so langer Zeit.

Einst hab ich mich gehasst,
hab mich verletzt,
wollte nicht mehr leben.
Doch du warst es,
der einst meine Seele verletzte,
mich hasste und jahrelang quälte.

Du warst es, der mein Leben zerstörte,
der meiner Seele den Willen
zum Leben nahm, du warst es,
der meinen Willen brach und mir
meine Kindheit stahl.

Du wolltest, dass ich schweige
wie ein Grab, was du mir einst angetan.
Aber das kannst du vergessen,
denn ich werde mein Schweigen brechen,
mich damit an dir rächen,
denn was du einst getan hast,
war ein Verbrechen.

Warum hast du mir das angetan,
du warst doch mein Vater,
das darf man doch nicht.
Ich werde nie vergessen,
was einst mal war,
vor all so langer Zeit!

I will never forget

I will never forget
who you used to be,
i will never forget,
what you once did to me,
i will never forget,
what a bastard you were,
i will never forget what once was,
so long ago.

Once hated myself, hurt myself,
didn't want to live anymore,
but it was you who hurt my soul,
hated me and tormented me for years.

It was you who destroyed my life,
who took away my soul's will to live,
it was you who broke
my will and stole my childhood.

You wanted me to be silent like a grave,
want you once did to me.
But you can forget that,
because I will break my
silence and take revenge on you,
because what you once
did was a crime.

Why did you do that to me,
you were my father,
you can't do that.
I will never forget what once was,
so long ago!

Schatten

Er ist ein Schatten,
der hinter mir her ist,
wie eine Seuche,
macht er sich breit über meinen Körper.
Verätzt meine Haut,
mein Herz und meine Seele,
es brennt so fürchterlich.

Kann nicht einmal mehr
weinen vor Schmerzen,
ohne die Haut weiter zu verletzen.

Er ist ein Schatten
der hinter mir her ist,
wie besessen
von einem finsteren Wesen.
Ich wollte nichts mehr sehen,
nur noch mit meinem Herzen weggehen.

Er ist ein Schatten,
der hinter mir her ist,
eiskalt war sein Blick,
erbarmungslos und unberechenbar.
Ich mied jeden Blick von ihm,
doch hörte ich seine Stimme,
die mir befahl.

Hatte keinen Willen mehr,
wurde beherrscht von einem
finsteren Wesen.
Konnte dir nicht mehr vertrauen,
du hast meine Seele
grün und blau verhauen.

Ich hatte keine Macht mehr,
selbst das Atmen fiel mir schwer,
die Welt für mich war leer.

Er ist ein Schatten,
der hinter mir her ist,
er ist das Feuer, das nie erlischt,
verteilt sich über meinen Körper,
es brennt so fürchterlich.

Kann nicht einmal mehr
weinen vor Schmerzen,
ohne die Haut weiter zu verletzen.
Er ist die Pest, die meinen Körper
verätzt und meine Seele zerfetzt.

Ich befand mich in der Hölle,
mit all dem Unheil beschert,
wollte nicht mehr leben.

Ich war zu klein,
hatte keine Macht hierbei.
Ich wollte von der Hölle fliehen,
nichts mehr um mich herum sehen.

Er ist besessen von einem finsteren Wesen,
das eiskalt meinen Willen beherrschte.
Seine Macht, meinen Körper zu
beherrschen, war ein Kick!

Er ist ein Schatten,
der hinter mir her ist,
wie eine Seuche
macht er sich breit über meinen Körper.
Verätzt meine Haut,
mein Herz und meine Seele.

Es mag seltsam klingen,
aber selbst heute ist alles noch zu spüren,
obwohl es mir gelang
aus der Hölle zu fliehen,
jetzt herrscht keiner mehr über mich.

Ich bin frei, das bedeutet mir viel,
denn Freiheit ist mein größtes Glück!

Der Seelenjäger

Was ich spürte auf meiner Haut,
war mein größter Albtraum.
Ich war kein gutes Kind,
dachte ich mir.
Dem Seelenjäger es Vergnügen bereitete,
ein kleines Kind zu quälen,
mehr noch seine krankhafte
Lust zu befriedigen.

Leise seufzen böse Lieder.
Der Druck, der Schmerz,
als der Seelenjäger über mir lag,
starr vor Angst,
meine Tränen gefrieren zu Eis.
In mir zerbrach der sichere Kreis,
es war der Raum ganz leise,
obwohl meine Seele schrie.
Mein Herz weinte,
war gelähmt in dieser Zeit.

Als es vorbei war,
lag ich wie scheintot da.
Was ich spürte auf meiner Haut,
war mein größter Albtraum.
In meinen Träumen,
wiederkehrend die Gefühle,
verschmutzt und unrein zu sein.

Der Seelenjäger,
meinen Körper benutzte,
für seine Zwecke missbrauchte,
Seine Macht zu dieser Zeit es ihm erlaubte.
Ich spürte tief in mir die Finsternis,
war von Schatten umringt,
ich suchte das Licht der Nacht.

Kämpfte innerlich mit aller Kraft,
ich hatte endlich alle Macht,
das Gute in mir gab mir Kraft.
Das Licht der Nacht verbrannte,
den Seelenjäger ohne Gnade!

Warum

Vater, was hast du mit mir gemacht,
du hast meine Seele klein gemacht.
Du hast mich gequält,
mehr noch die Freude
zum Leben genommen.

Ich frage mich,
immer und immer wieder: warum?
Warum hast du mir
die Freude zum Leben genommen?
Verdammt, warum
hast du mich gequält?

Vater, was habe ich
bloß falsch gemacht?
Vater, was hat das kleine Kind,
deine Tochter,
die dich einst so sehr liebte,
falsch gemacht?

Du hast mich gehasst,
verachtet und gequält,
du hast mich allein gelassen,
als ich dich dringend brauchte.
Du hast mich beleidigt und ausgelacht,
als ich so sehr weinte.

Ich frage mich,
immer und immer wieder: warum?
Heute bin ich groß,
mein Herz ist stark,
mit vielen Narben übersät,
kämpft es jeden Tag.

Heute bin ich groß,
meine Seele nicht ganz heil.
Ohne viele Worte
stellt sich mir nur eine Frage,
immer und immer wieder: warum?
Diese Frage bleibt leider
für immer und immer verborgen!

Vater, Vater

Vater, Vater einsam wirst du sein,
denn du warst damals das Dreckschwein.
Konntest die Finger nicht von mir lassen,
deswegen habe ich dich auch verlassen.
Was hast du mit mir gemacht,
damit hast du mich fast umgebracht.

Vater, Vater, du Dreckschwein
konntest es nicht lassen,
deswegen werde ich dich immer hassen.
Du hast meine Seele misshandelt,
mein Herz gequält,
meinen Körper beschmutzt.
Vater, Vater, einsam wirst du sein!

Böser Traum

Was hat mir dieser Teufel angetan,
er zwang mich an die Wand,
berührte meine Haut,
mit seiner kalten Hand.
Traute mich kein Wort zu sagen,
ich betete zu Gott,
lass das einen bösen Traum sein.

Sein Atem roch nach Bier und Zigaretten,
konnte mich nicht mehr bewegen,
ich war zu klein, um laut zu schreien.
Das hätte auch gar nichts gebracht,
es passierte alles unter seinem Dach.

Ich betete zu Gott,
lass das einen bösen Traum sein.
Doch es war das gleiche Dach,
die gleiche Stimme,
die mir immer wieder befahl.

Ich bebte innerlich vor Angst,
konnte ja gar nicht mal um Hilfe schreien.
Wie auch, es war keiner da,
nur er mit mir alleine.
Er war zu stark und ich zu schwach,
er drohte mir mit schlimmen Dingen.

Ich glaubte ihm,
wusste, zu was er im Stande war.
Ich betete zu Gott,
lass das einen bösen Traum sein
und wenn ich aufwach, bin ich frei.

Er flüsterte mit rauer Stimme,
du gehörst mir, du bist mein,
lass dir das gesagt sein.
Es rutschte seine Hose,
es war alles frei,
ich war zu so was nicht bereit.
Ich betete zu Gott,
lass das einen bösen Traum sein.

Gott ließ mich in dieser Zeit allein,
mit all dem ganzen Leid.
Ich wurde größer und stärker,
bekam Kräfte, die mir als Kind so fehlten.
Endlich konnte ich die Fesseln lösen,
so gegen diesen Teufel kämpfen!

Er hatte endlich keine Macht mehr,
keine Stimme,
die mir immer wieder befahl,
keiner, der mir droht.

Das Gefühl, endlich frei zu sein,
unbeschreiblich!
Nie wieder solche Qualen erleiden,
unbezahlbar!
Diesen Teufel nie mehr zu sehen,
ein Geschenk!

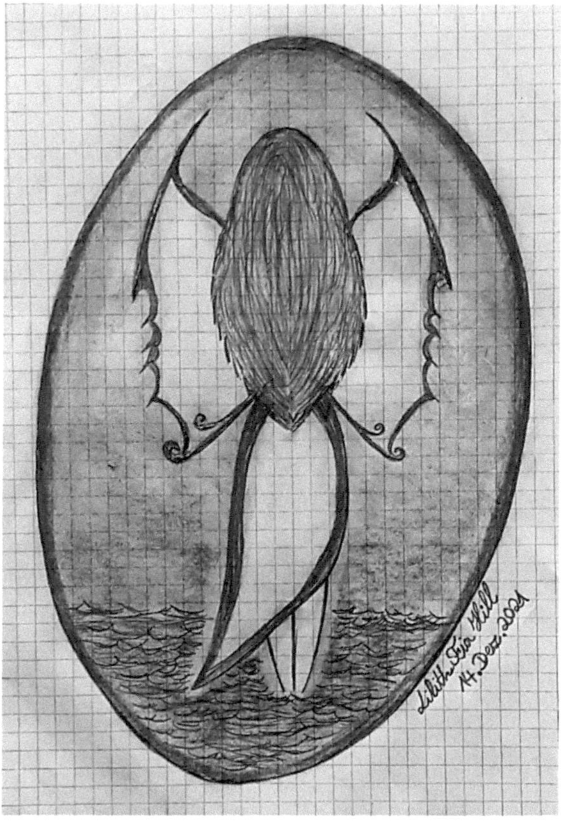

Verlassen und verraten

Ich fühlte mich von Gott verlassen,
von den Menschen ganz zu schweigen.
Sie sahen mich alle an,
doch schauten sie nicht richtig hin.
Manch einer wusste,
was daheim geschieht,
doch niemand hat was gesagt oder getan.

Ich fühlte mich von Gott verlassen,
ich fühlte mich von Gott verraten.
An dem Tag, als meine Oma starb,
glaubte ich an gar nichts mehr.

Wusste nicht mehr, wo ich hingehöre,
es war eine harte Zeit,
die mich mit ganz viel Pein geprägt.
Es war so schwer,
als ob die Welt gerad untergeht.

Ich fühlte mich von Gott verlassen,
so stand ich mit dem Kummer
ganz alleine da.
Fragen unbeantwortet zu haben,
diese Last des Leidens
zu ertragen ganz zu schweigen.

Kein Mensch war da, noch nicht mal Gott.
Ich darf niemandem vertrauen,
sonst werde ich wieder verhauen.
Ich hatte Angst vor diesem Leben.

Es half kein Beten und kein Flehen,
fühlte mich so sehr gelähmt,
konnte keinen Schritt mehr gehen.
Ich darf nicht vergessen,
das Leid, das niemand sieht,
den Schmerz, den niemand fühlt.

Diesen Weg bin ich allein gegangen,
fühlte mich so sehr alleine.
Erst viel später wurde mir bewusst,
welche Kraft mich wohl am Leben hielt,
es waren die Hoffnung und die Liebe.
Als für einen Moment
mein Herz ganz unerwartet stehen blieb!

Spiegel

Ich sah in den Spiegel und schaute mich an,
wusste nicht, was um mich herum geschah.
Ich sah mein Spiegelbild und musste weinen,
fragte mich, wer ist diese Frau?

Es war alles so fremd, ich sah ins Leere,
wusste, hier ist mein Verderben,
wollte nicht mehr so leben.

Ich sah in den Spiegel,
mit tiefen Blicken sah ich den Nebel,
der mein Gesicht verdeckte.

Ich bin erwachsen,
meine Seele noch ganz klein,
werde nie eine richtige Frau sein.

Im Zwiespalt einer verlorenen Kindheit,
ist mir die Frau, die ich im Spiegel sehe,
sehr fremd, doch bin ich kein Kind mehr,
was zum Teufel geschieht hier?

Ich sah in den Spiegel und schaute mich an,
fragte mich, wo ich mich befand,
in einer fremden Welt.
Wer bin ich wirklich,
mein Spiegelbild wusste das nicht.

Es war alles so fremd,
wusste, hier gehöre ich nicht hin,
die Blicke fielen ins Leere.

Schatten legten sich auf mein Gesicht,
wer bin ich wirklich?
Die Frau im Spiegel, sie ist mir fremd,
das innere Kind in mir wird verdrängt.

Verdammt, was passiert mit mir,
ich bin erwachsen doch kein Kind mehr,
da fielen die Schatten, sie tanzten umher,
es löste sich der Schleier.

Ich sah alles auf einmal,
nichts war mehr so fremd.
Mein Wohnort einen neuen Platz erkennt,
das fremde Spiegelbild
langsam verschwand!

Das bin ich mit 2 Jahren

Mama, war ich ein Fehler im System?

Mama, ich frage mich,
hast du mich gehasst,
war ich ein Fehler im System?
Als du fortgingst,
da war ich erst drei Jahre,
du hast mich einfach verlassen.

Ohne zu fragen, was aus mir wird,
war ich ein Fehler im System?
Warum hast du mich allein gelassen,
ich war doch noch so klein.

Mama, ich frage mich,
was ist passiert,
als du fortgingst,
da war ich erst drei Jahre.

Du hast mich
im Regen stehen gelassen,
ohne mit der Wimper zu zucken.
Ohne ein Wort,
da warst du plötzlich fort.

Mama, ich frage mich,
warum wolltest du mich,
hast mich auf die Welt gebracht,
damit hast du mich umgebracht.

Du hattest die Wahl,
hast du mich so gehasst,
war ich ein Fehler im System?
Als du fortgingst,
da war ich erst drei Jahre,
die Seele noch so klein,
ich war doch dein.

Ich frage mich,
war ich ein Fehler im System?
Warum hast du mich nicht abgetrieben,
anstatt mir dieses Leben zu geben?

Mama, du hast mich auf die Welt gebracht,
damit hast du mich umgebracht.
Ich wurde gehasst, ich wurde gequält,
Mama, es tut so unendlich weh.

Als du fortgingst,
da war ich erst drei Jahre,
ich konnte dies nie verstehen.
Mama, hat die Liebe
deiner kleinen Tochter nicht ausgereicht,
bist deswegen fort?

Warum hast du mich allein gelassen,
ich war doch noch so klein.
Mama, du hättest mich nie gebären dürfen,
Mama, du hattest die Wahl.

Ich frage mich,
war ich ein Fehler im System?
Warum hast du mich allein gelassen,
ich war doch noch so klein.
Mama, warum hast du mich
nicht abgetrieben?

So hast du mir das Leben
gegeben und doch das Leben genommen.
Nie werde ich wissen, warum.
Nie werde ich das je verstehen!

Nie wird sich die Lücke
in meinem Herzen füllen.
Um all dies zu verstehen,
was nicht zu verstehen ist.
Bleibt nur eins, das Leben!

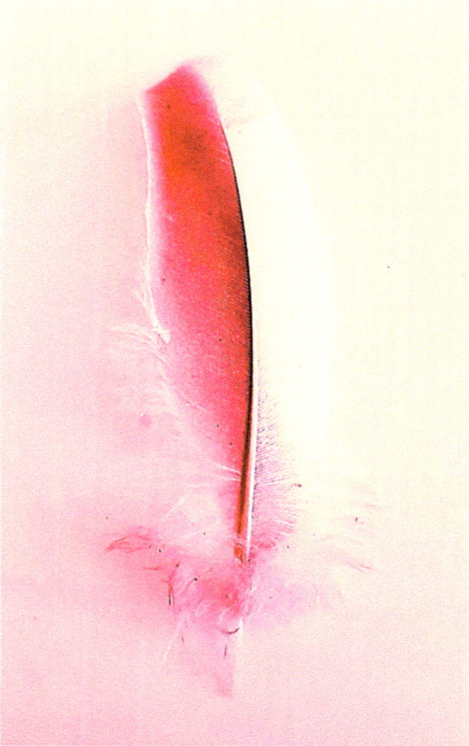

Mama, 300,00,- Mark

Mama, 300,00,- Mark, das war ich wert,
als du mich ihm übergeben hast!
War das dir damals bewusst,
was du da machst?

Du hast mich an den Mann verkauft,
der dich quälte!
300,00,- Mark, das war ich dir nur wert,
selbst heute kann ich
das gar nicht verstehen.

Da stellt sich mir die Frage,
hast du mich deshalb auf
die Welt gebracht?
Um mich so wie auf der freien
Wirtschaft zu vermarkten?

Der Mann, der dich quälte,
wie du mir erzähltest,
hast das Sorgerecht ihm überschrieben,
als Dank dafür 300,00,- Mark verdient.

Du gabst mich an den Mann ab,
der dich deiner Jugend beraubte,
was du die ganzen Jahre
immer wieder behauptest.
Was schlussendlich die Wahrheit ist,
das weiß ich nicht.

Mama, 300,00,- Mark, das war ich wert,
als du mich ihm übergeben hast!
War dir das damals bewusst,
was du da machst?
Weißt du, wie ich mich fühlte,
als mir das erzählt wurde?

Deine Mama wollte dich nicht,
weil du so böse bist.
Für 300,00,- Mark kamst du zu mir,
du warst mein Sonderangebot.
Diese Worte von diesem Monster zu hören,
trafen mich sehr.

Zu tief verletzt war meine kleine Seele,
der Kindheit und Jugend beraubt.
Tut dir das nicht weh, dass deine Tochter
dich nie wieder sehen will?

Eines Tages wirst du dich hinterfragen,
was damals alles geschehen war.
Bedenke, dass die Zeit
dafür zu spät sein wird!

Eines Tages wirst du merken,
dass 300,00,- Mark nichts sind
gegen die Liebe deines Kindes!

Elternliebe

Liebe Eltern,
warum tut eure Liebe nur so weh?
Ich hatte euch mal sehr geliebt,
doch habt ihr mir entsetzlich wehgetan.
Der Schmerz sich in mein
ganzes Leben zieht.

Das kleine Mädchen,
das euch einst bedingungslos geliebt.
Mit Hass erfüllt und skrupellos,
habt ihr diese kleine
reine Liebe für immer zerstört.

Ich kann es bis heute nicht verstehen,
das kleine Mädchen,
das euch einst bedingungslos geliebt.
Warum tut eure Liebe nur so weh?

Die kleine Seele leise flüstert,
kleine Maus es ist so schwer,
du hast ein starkes Herz,
doch es schlägt nicht mehr.

Liebe Mama, lieber Papa,
könnt ihr das nicht verstehen?
Der Schmerz sich in mein
ganzes Leben zieht.
Das kleine Mädchen,
das euch einst bedingungslos geliebt.

Mit Hass erfüllt und skrupellos,
habt ihr diese kleine
reine Liebe für immer zerstört.
Was bleibt, ist ein kaputtes Herz,
eine gekränkte Seele.
Eure Liebe war eiskalt und skrupellos,
Gewalt war eure Form der Liebe.

Gezüchtigt und geknechtet,
so wolltet ihr meinen Willen brechen.
Das kleine Mädchen
will von euch nie mehr was wissen.

Die kleine Seele, musste so viel leiden.
Endlich beginnen
ihre Wunden langsam zu heilen.
Mit Narben lebt sie heute weiter!

21. März 2022

Meine Seele

Ich schreibe Gedichte,
lasse so meine Seele sprechen.
Sie weist mir den Weg,
ins Innere zu mir selbst.
Gedichte sind nicht immer schön,
doch schreiben diese hier
meine Lebensgeschichte.

Mal sehe ich das Licht,
ein anders Mal die Finsternis.
Beides ist wichtig,
für meine richtige Sicht.
Ich schreibe Gedichte,
lasse so meine Seele sprechen.

Sie sind die Tränen meiner Seele,
sie will nicht mehr leiden.
Deswegen will sie sich alles
vom Herzen schreiben.

Wie viele Jahre
musste sie Qualen erleiden!
16 verlorene Kindheitsjahre vergangen,
bis die Seele sich endlich befreien konnte.
Ich schreibe Gedichte,
lasse so meine Seele sprechen.

Die Seele ist noch sehr klein,
kein Wunder, sie durfte kein
glückliches Kind sein.
Da gingen die Kindheitstage an
ihr wie ein Zug vorbei.

Sie lernte schnell, Schmerz zu ertragen,
Tränen zu verbergen,
um in dieser Welt zu überleben.
Wie lange kann die Seele
diese Last noch tragen,
ohne etwas zu sagen.
Der Kummer macht sich breit,
die Seele war noch viel zu klein.

Ich schreibe Gedichte,
lasse so meine Seele sprechen.
Sie wurde im Kampf mit Blut übersät,
nur so hat sie diese Hölle überlebt.
Gefoltert und geknechtet,
geknebelt und gefesselt,
man wollte ihren kleinen Willen brechen.

Meine Seele will nicht mehr leiden,
deswegen will sie sich alles
vom Herzen schreiben.
Wie viele Jahre braucht es,
Schmerzen im Herzen zu heilen?

Wie viele Jahre werden
Herz und Seele brauchen,
um diese Leiden zu bekämpfen?
Die Seele ist noch sehr klein,
kein Wunder, sie durfte kein
glückliches Kind sein.

Meine Seele
musste viel zu schnell erwachsen sein,
nur so konnte sie sich
von ihren Fesseln befreien,
wollte endlich frei und glücklich sein.

Es zeichneten sich ihre Jahre,
sie war zwar endlich frei,
doch ihr Herz war nicht mehr ganz heil.
Die kleine Seele
mit ihrem starken Willen,
nur so konnte sie die Hölle überleben.

Ich schreibe Gedichte,
lasse so meine Seele berichten.
Mögen ihre Wunden
im Herzen langsam verheilen.
Ich wünsche ihr Frieden im Leben.
Sie ist und bleibt meine kleine Seele!

Das Feuer meiner Vergangenheit

Ich entfache das Feuer
meiner Vergangenheit,
begebe mich noch einmal
in die Hölle hinein.
Nur um mich endlich
von meinen schweren Fesseln zu befreien.

Auch wenn ich dem Teufel
wieder in die Augen sehe,
kommt er mir in die Nähe,
tu ich ihm an sämtlichen Gliedern weh.

Er würde meine neue Macht spüren,
bin nicht mehr klein und schwach,
habe immense Kraft.
Auch wenn mein Herz nicht mehr ganz heil,
will ich es endlich schaffen,
mich von meinen inneren
Fesseln zu befreien.

Ich halte den inneren
Krieg nicht mehr aus,
will aus diesem Gefängnis
der Dunkelheit raus.

Ich entfachte das Feuer
meiner Vergangenheit,
begebe mich noch einmal
in die Hölle hinein.
Nur um mich endlich
von meinen schweren Fesseln zu befreien.

Kämpfte mich durch das Feuer
meiner Vergangenheit.
Mit letzter Kraft,
dem letzten Atemzug,
spürte ich das Feuer im Blut.
Schaffte es einst wie
Phönix aus der Asche empor.

Ich habe den inneren Krieg
nicht ganz gewonnen,
habe einen Waffelstillstand errungen.
Ich bin zwar endlich frei,
auch wenn nicht ganz heil.
Ich bin durch das Feuer
der Vergangenheit hinein,
kam wie Phönix aus der Asche wieder frei!

Gedanken

In vielen Nächten, in denen ich wach lag,
grübelten meine Gedanken über das Leben,
würde ich meine Vergangenheit ändern
wollen?
Würde es mir besser gehen?
Wäre ich ein guter Mensch?

Die Hölle, ja, sie hat mich sehr gekränkt,
dennoch etwas Wichtiges gelehrt.
Als mit neunzehn Jahren,
mein Herz unerwartet stehen blieb,
nicht das Geld, sondern ein Mensch
mir das Leben rettete.

Nicht das Geld ist im Stande,
meine Wunden zu heilen.
Vielmehr sind es liebe Menschen,
Tiere, die Natur in ihrer Schönheit,
sowie schöne kleine Momente im Leben.

Der Glaube und die Hoffnung zu vertrauen,
dass alles besser werden kann.
In vielen Nächten, an denen ich wach lag,
grübelten meine Gedanken
über das Leben.

Wenn ich die Macht hätte,
alles verändern zu können,
wäre es klug, dies auch zu tun?
Wäre mein Leben besser verlaufen
oder käme es aufs Gleiche heraus?

Oft kreisen diese Gedanken in meinem Kopf,
sie halten mich so lange wach.
Würde ich meine Vergangenheit
ändern wollen?

Die Hölle, ja, sie hat mich sehr gekränkt,
mit den Folgen und den Schäden
lebe ich noch heute.

PTPS, Ängste, Albträume, Flashbacks
begleiten mich das ganze Leben.
Mal habe ich gute Tage, an denen
ich die Wärme der Sonne spüre
und plötzlich die arktische Kälte
der Dunkelheit fühle.

Würde ich, wenn ich die Macht hätte,
meine Vergangenheit ändern wollen?
Würde es mir wirklich besser gehen?
Diese Frage, sie bleibt unbeantwortet,
als ein grübelnder Gedanke
in der Nacht!

Meine liebe Großmutter

In deinen Armen war ich heil,
ich spürte Liebe und Geborgenheit.
Die schönen Zeiten habe ich
genossen und auf irgendeiner Weise,
war ich in dich verschossen.

In deinen Armen fühlte ich mich frei,
ich spürte Liebe und Geborgenheit.
In deinen Armen war ich heil,
doch es war an der Zeit,
aber ich war noch nicht bereit.
Ich war damals viel zu klein,
um ohne dich allein zu sein.

Plötzlich musste ich
zu schnell erwachsen sein,
verdammt, ich war doch noch zu klein.
In deinen Armen war ich heil,
ich spürte Liebe und Geborgenheit.

In deinen Armen fühlte ich mich frei,
doch es war an der Zeit,
aber ich war noch nicht bereit.
Du warst mein Kompass, der mich führte,
die meine Seele berührte,
mich mit großer Liebe erfüllte.

Du warst meine Welt,
in der ich mich frei fühlte.
Doch es war an der Zeit,
der Tod traf ein.
Von dem Moment an wusste ich,
ich war plötzlich allein.

Wo war mein Kompass, der mich führte,
wo war meine Welt,
in der ich mich frei fühlte.
In deinen Armen war ich heil,
ich spürte Liebe und Geborgenheit.
Laufe ohne Kompass umher,
finde den Weg nicht mehr.

Liebe und Geborgenheit
existieren nicht mehr.
Spüre weder Liebe,
Freude noch Geborgenheit,
mein Herz ist nicht mehr heil.

In deinen Armen war ich heil,
ich spürte Liebe und Geborgenheit.
Auch wenn ich dich einst wiedersehe,
ist Mensch sein eine lange Ewigkeit.
Danke für die kurze Zeit!

Sie war mein Wunder

Liebe Oma,
du bist und bleibst mein Wunder,
du warst ein Teil dieser Erde.
Jetzt bist du ein Engel,
schwebst in anderen Welten.

Du bist in Licht getränkt,
du warst der einzige Mensch,
der meine Hand hielt,
als ich so schwer erkrankt war.

Der mir vieles beigebracht,
Mut und Liebe gelehrt hat.
Wie oft spüre ich die Gegenwart,
deiner Nähe, deiner Wärme.

Du schwebst um mich herum,
du hast so viel Liebe,
für ein ganzes Leben gegeben.

Du warst und bist mein Wunder,
du hast so viele Narben im Herzen getragen,
dennoch so viel Liebe in diese Welt gesendet.
Ich wünschte, du wärst heute hier,
würdest sehen, wie es mir geht.

Hätten uns bestimmt viel zu erzählen,
du würdest mich mit deiner Liebe segnen.
Wenn wir uns irgendwann wiedersehen,
mag ich dir gerne sagen,
wie sehr ich dich liebe.

Würde dir zeigen,
was ich alles gemacht habe,
was mir Kraft in jenen Zeiten gegeben hat.
Hast selber so viel Leid erfahren,
so viel Kraft gehabt, um Liebe zu senden,
das habe ich sehr bewundert.

Der tiefe Blick in deine Augen,
sie waren so, als ob ich,
hinter den Horizont schauen würde.
Es war ein Moment,
als ob die Zeit sich schwerelos bewegt.

Liebe Oma,
du bist und bleibst mein Wunder.
Jetzt bist du mein Engel,
der über mir wacht.
Du bist mein Wunder!

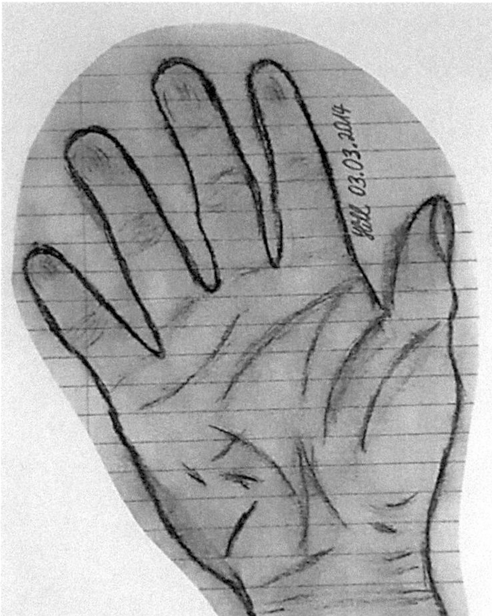
03.03.2014

Rosa Luftballon

Ich sah einen rosa Luftballon,
er gefiel mir sehr.
Hing einen Wunsch dran,
plötzlich flog er hoch.
Der Wunsch recht klein,
fast schon bescheiden,
ohne viele Worte flog er hoch.

Hoch in den Himmel bis zu den Sternen,
mit ihm mein Wunsch,
ohne viele Worte,
ein glückliches Kind sein.
Mein kleiner Wunsch,
mein einziger Wunsch.

Ich wachte auf und sah das Leid,
ich war doch noch so klein.
Wollte doch nur
ein glückliches Kind sein.

Ich sah einen rosa Luftballon,
er gefiel mir sehr,
plötzlich flog er hoch.
Bewegte sich schwerelos
an der Milchstraße vorbei.

Schwebt heute noch
in der Galaxie durch Raum und Zeit.
Immer mit dabei,
mein Wunsch,
mein einziger Wunsch,
ein glückliches Kind sein!

Ein Glückliches Kind sein!
21. März 2022
Lilith Fia Hill

Der Tod und das kleine Mädchen

Das kleine Mädchen:
Wie meine Kindheit mich kränkte,
meine Seele um mein Leben
kämpfte und es schaffte, mein Herz
wiederzubeleben. Ich schaffte es,
zum vorerst letzten Mal,
auf den grünen Zweig. Ich war schon tot,
doch der Tod wollte mich nicht.

Der Tod:
Du willst fort von hier, doch nicht bei mir,
du bist noch nicht so weit, was ist passiert?
Es gäbe so vieles, was auf dich wartet,
nur nicht ich. Irgendwann werde ich dich
mit offenen Armen empfangen,
erst dann wird es so weit sein.

Das kleine Mädchen:

Ich will sterben,
doch darf ich das nicht,
denn Menschen, die mich mögen,
wollen das nicht.
Ich will sterben, doch kann ich nicht,
es gibt Menschen, die brauchen mich.

Doch was sie nicht wissen,
mein Herz zerbricht innerlich,
meine Seele stirbt heimlich.
Ich will sterben,
doch darf ich das nicht,
verdammt ich verzweifle innerlich.

Ich wollte den Schmerz nicht mehr erleben,
ich wollte nicht mehr in den
Scherben stehen.
Wo ist das strahlend helle Licht,
das mir Kraft verspricht?

Stehe jetzt am Ende meiner
Zeilen und frage mich,
warum zerbreche ich innerlich,
warum stirbt meine Seele
heimlich und warum darf ich das nicht?

Ich will nicht mehr stehen,
nicht mehr gehen,
nicht mehr atmen, nichts mehr sehen.
Nichts mehr wie Abschied nehmen.

Der Tod:
Der Tod ganz tief ergriffen,
komm, lass mich dir helfen,
dich von manch deiner Fesseln zu befreien.
Ich bin der Tod und bitte dich zu leben.

Das kleine Mädchen:

Nichts auf dieser Welt
mag mich hier auf Erden halten.
Kann den Schmerz nicht mehr ertragen.
Es tut jeden Tag mehr weh.

Der Tod:

Wenn du magst, reich mir deine Hand,
ich begleite dich zurück ins Leben.
Ich möchte dir helfen, Frieden zu finden.
Es wird ein langer Weg, doch bin ich bei dir.
Die Freude sollst du spüren,
das Glück neu erleben.
Ich bin der Tod und zeige dir das Leben.

Das kleine Mädchen:

Verstehst du denn nicht,
ich will den Schmerz nicht mehr ertragen.
Es waren die Menschen,
die einst mich verletzten,
sie wollten, dass ich sterbe.

Meine Mutter mich einst fragte,
was ist flüssiger als Wasser?
Ich: Weiß ich nicht.
Sie: Kinder, denn die sind überflüssig!
Also kann ich mich doch gleich in
Luft auflösen.

Der Tod:
Deinen Schmerz kann ich verstehen.
Ich, der Tod, mich einst
mit Depressionen quälte.
Wurde von allen gehasst als auch verflucht.
Ich würde den Menschen das Leben nehmen.
Den Hinterbliebenen das Leben zerstören.
Doch die Sicht ist getrübt.

Ich nehme nicht das Leben,
komme sie auf den neuen Weg zu begleiten.
Jeder, der hier auf Erden verweilt
hat seine Zeit genau wie du.

Ich bin der Tod, nicht das Leid,
weder das Ende vom Leben,
ich bin der Neubeginn.

Das kleine Mädchen:
Ich wollte den Schmerz
nicht mehr erleben,
ich wollte nicht mehr in den
Scherben stehen.
Es tut so sehr weh.

Der Tod:
Du willst fort von hier, doch nicht bei mir.
Ich bin der Tod und bitte dich zu leben.
Leb, als ob es kein Morgen mehr gäbe.

Gib mir die Chance, mag gern dir zeigen,
manch Wunder dieser Welt,
es soll öffnen dir dein kleines Herz.
Ich bin der Tod und begleite dich
zurück ins Leben.

So begann für beide, auf wundersame Weise,
eine ganz besondere Freundschaft,
tief verbunden, und eine weite Reise
ins Unbekannte.

Das kleine Mädchen:
Heute habe ich
viele schöne Dinge und Erfahrungen
sammeln dürfen.
Der Tod, mein bester Freund,
ihm verdanke ich mein Leben.
Der Tod brachte mich zurück ins Leben.
Irgendwann weiß ich, wird er mich mit
offenen Armen empfangen,
erst dann wird es Zeit für mich sein.
Dann begleitet er mich ins Licht!

Kleine Maus: Mama

Hallo kleine Maus, wie geht es dir?
Deine Mama hat dich einst geliebt,
bevor sie das Gefühl verließ.
Sie war zu jung,
als sie schwanger war mit dir.

Wurde von ihrer Mutter vor die Tür gesetzt.
Ganz alleine, ganz verzweifelt nur mit dir.
Sie war zu jung, als sie dich bekam,
stand sie ganz alleine da.

Kleine Maus, sie hat dich geliebt,
bevor sie das Gefühl verließ.
Kleine Maus, sie hat dich geliebt,
nur eine kurze Zeit,
bis sie dich mit drei verließ.

Kleine Maus, was wurde bloß aus
deinem Zuhause,
plötzlich wurde es ein Höllenhaus.
Ich weiß, wie sehr du gelitten hast,
wie du gequält und verletzt wurdest.
Kleine Maus, du musst schnell
aus der Hölle raus.

Jetzt bist du fort, an einem anderen Ort,
in einem sicheren Zuhause.
Du hast ein neues sicheres Zuhause,
bist aus der schlimmen Hölle raus.

Keine Qualen musst du mehr erleiden,
die große Last nicht mehr ertragen.
Kleine Maus,
deine Mama hat dich einst geliebt,
bevor sie das Gefühl verließ.
Kleine Maus, du hast endlich ein
sicheres Zuhause!

Kleine Maus: Albträume

Hey kleine Maus, was war denn los?
Konntest nicht schlafen,
wurdest wach.
In dieser Nacht, schlimm war sie,
von Albträumen geplagt
von Albträumen gejagt.

Die Angst war wieder da,
spürtest sie so nah.
Das Leid, die Qualen, die Trauer,
oh nein, er war wieder da.
Von Albträumen geplagt,
von Albträumen gejagt,
die Angst war wieder da.

Hey kleine Maus, die Angst,
ja, sie ist wieder da.
Du denkst er ist wieder da,
das Dreckschwein vor dem Bette stand.

Du denkst, seine Hände
sind unter der Decke.
Das stille Weinen, das stille Schreien,
starr vor Angst überstehst du diese Nacht.
Von Albträumen geplagt,
von Albträumen gejagt,
bleich wie die Wand,
die Angst war wieder da.

Niemand ahnt, wie sehr du leidest,
du denkst, das soll auch so bleiben.
Du denkst, ich nehme die Qualen
mit in mein Grab.

Hey kleine Maus,
die Angst, ja, sie ist da.
Von Albträumen geplagt,
von Albträumen gejagt.
Denk dran, du bist an einem neuen Ort.
Das alles war nur ein böser Traum.
Kleine Maus, du hast ein sicheres Zuhause!

Kleine Maus Träum süß

Schlaf weiter kleine Maus,
wach bloß nicht auf.
Träum süß von vielen bunten Luftballons,
von rosa Zuckerwatte.
Wach bloß nicht auf, kleine Maus,
das Leben ist zu grau.

Träum süß, wie du auf Wolken schwebst
und den Engeln beim Tanzen zusiehst.
Wach bloß nicht auf, kleine Maus,
das Leben verbirgt viele Gefahren.

Schlaf weiter, kleine Maus,
wach bloß nicht auf.
Träum süß, wie du ins Weltall fliegst,
auf der Milchstraße liegst und den
Sternen beim Funkeln zusiehst.

Schau, wie die Sterne für dich funkeln,
für die kleine Maus,
eine Sternschnuppe voraus,
schnell, wünsch dir was.

Der Mond schaut auf dich drauf.
Schlaf weiter, kleine Maus,
wach bloß nicht auf,
das Leben ist zu grau.
Träum süß,
wie der Wind dich treiben lässt,
sanft übers Meer dich gleiten lässt.

Wach nicht auf, kleine Maus,
denn da bist du zuhause.
Wach bloß nicht auf, kleine Maus,
denn das hier ist dein sicheres Zuhause.
Die Engel passen auf dich auf,
träum süß, kleine Maus,
du bist zuhause!

Die Zeit

Es ist die Wahrheit, die Stille bleibt,
Richtlinien weit reist die Zeit.
Der Blick in die Vergangenheit
ist die Ewigkeit,
die Schwermut macht sich breit.

Die Liebe weint,
vermisst die schöne Zeit,
sie verweilt in einer stillen Weise.
Wo einst ihre Wunden verheilen,
schweigen die Meilen der Zeit,
Ruhe macht sich breit.

In fremden Dimensionen
der fernen Galaxien
sehe ich in den Tiefen
Teile meiner selbst.
Erlebe augenscheinlich Lichtjahre weit
das Gefühl einst frei zu sein.

Aus der Vergangenheit,
sie weiß, es ist Zeit,
fernab frei zu sein.
Es ist die Wahrheit, die Stille bleibt,
Richtlinien weit reist die Zeit.

Was die Zukunft weiß,
beschert mir irgendwann die Zeit,
vertraue ganz und gar der Ewigkeit,
sie belebt meinen Geist.

Meine Seele öffnet mein Herz,
für die ferne Zeit.
Schwerelos gleitet sie
auf dem noch unbekannten Eis.

Das Herz der Wälder

Die Blätter
sie still und schweigend fallen,
ich setze mich in den
Wäldern und Wiesen nieder.

Lauschte gespannt,
schaute verzaubert,
wie mit den Augen eines Kindes,
die Welt neu zu entdecken.

Sehe, wie riesig der Wald wirkt,
wenn du am Boden liegst,
ein magischer Moment,
der mich umgibt,
der mir inneren Frieden schenkt.

Sehe den Morgentau,
der sich majestätisch auf den
Boden und den Pflanzen niederlegt.

Ich war ganz alleine,
aber nicht einsam im Wald.
Als würde ich
über den Boden der Wälder schweben,
sie mir damit eine Botschaft senden.

Wie das Herz der Wälder
meine Schmerzen der alten Zeiten
für einen Moment linderte,
zugleich mir innere Kraft spendet.

Ich fühlte den Wind,
es war schön, wieder atmen
zu dürfen und die Freiheit
des Lebens zu spüren.

Das Herz der Wälder sanft
meine finsteren Gedanken
mit Liebe umarmten.

Sie fühlten die Angst meiner Vergangenheit,
legten ihr Gewand der Wälder
auf mich nieder.

Ich hörte das Herz der Wälder flüstern,
ich war ganz alleine,
aber nicht einsam im Wald.

Als würde ich
über den Boden der Wälder schweben.
Vertraute diesem Augenblick.
Ich wusste genau,
sie passen auf mich auf.
Das Herz der Wälder.

Der Himmel

Ich wollte in den Himmel reisen,
nur für einen kurzen Augenblick,
ich sah ein helles wunderbares Licht.

So warm und lieblich
es mich umarmte,
ich spürte eine Liebe
so unbeschreiblich rein,
ich fühlte mich schwerelos und frei.

Es war ein kurzer Augenblick,
in dem der Himmel seine Pforte
für mich offen hielt.
Mit einer Liebe,
die ich nie zuvor verstand,
es war eine fast nicht in Worten
zu erklärende Macht.

Wie mich dieses Licht in Liebe umhüllte,
mein Herz ganz langsam pochte,
ich fühlte mich von meinem Kummer befreit.

Ich wollte in den Himmel reisen,
für einen kurzen Augenblick,
ich sah ein helles wunderbares Licht.

Eine Liebe, die grenzenlos nicht sein kann,
eine Liebe, nicht wie auf Erden,
sie ist bedingungslos rein.
Es existiert keine Zeit,
ich durfte so lange bleiben.

Ich sah von oben her
den Meeresspiegel steigen,
ein Traum in vielen Farben,
blau, grün, türkis,
alles so intensiv wie ein Gemälde.

Ich sah noch nie so viele Farben,
wie eine Regenbogenwand.
Ich wollte in den Himmel reisen,
dort für immer bleiben.

Ich spürte eine Liebe,
so stark wie nie zuvor,
ein Licht, das mich erfüllte wie Magie.
Ich atmete Wärme und Geborgenheit,
fühlte mich endlich daheim.

Ich sah sie, die Engel in Licht umhüllt,
sie berührten meine Seele,
um meine Wunden
der Vergangenheit zu schließen.

Ich atmete ihre Liebe,
so rein und sanft
war ich einen Moment lang
von meinen Ängsten befreit.

Ich wollte in den Himmel reisen,
nur für einen kurzen Augenblick,
ich sah ein helles wunderbares Licht.

In einer fast schon vergessenen
Sprache der Liebe
umhüllten sie mich,
dieser Ort war märchenhaft.

Der Himmel schenkte mir
einen kurzen Augenblick,
den Zauber seiner wahren
bedingungslosen Liebe.

Ich war dem Himmel so nah,
einen kurzen Augenblick lang.

Alle Worte, die ich hier in Zeilen setze, mir nicht leicht von Herzen fallen. Ich verschließe nicht meine Welt, egal, wie schlimm sie auch war. In der Hoffnung, dass viele es schaffen, ihr Schweigen zu brechen, denn was ihnen geschah, war und ist ein Verbrechen.

Das sollten viele Menschen wissen. Jahrelang mussten sie schweigen, unter dem ganzen Bösen leiden. Täter/innen hatten alle Macht, Opfern so das Leben überwacht.
Milde Strafen, ohne Konsequenz, so konnten sie ihre Macht ausleben. Für die Vergessenen, die unter uns noch weilen, den Respekt und die Würde erhalten!

Sie waren die Menschen, die einst diese Hölle überlebten, heute viele unter den Folgeschäden leiden! Nicht jeder mag die Worte lesen, nicht jeder mag die Worte verstehen, sie zeigen eine Welt, die in Schmerz getränkt.

Die Zeit sucht Heilung in 1000 Worten, in vielen Zeilen auf ein Stück Papier sie gleiten. Es mag leicht erscheinen, doch liegen die Gedichte im Leid begraben. Sie versuchen an der Oberfläche ihre Heilung und den Frieden zu finden.

Was bleibt, ist die Vergangenheit,
die Gegenwart, die Zukunft allzu fern,
hat im Gepäck Hoffnung,
Mut und Zuversicht.

Es soll nicht alles verzücken,
mein kleiner Wunsch,
dass dieses kleine Büchlein,
ein wenig Trost, Mut und Hoffnung spendet.

Wünscht euch
von Herzen Lilith Fia Hill

DAS
SCHWEIGEN ZU
BRECHEN,
IST
KEINE
SCHWÄCHE,
SONDERN
DER MUT
MIT FESSELN
DIE GRENZEN
ZU
ÜBERWINDEN.

Zitat Von Lilith Fia Hill

In Erinnerung an meine
liebe Oma Antonie, sie war meine Sonne
in den finstersten Zeiten.

Liebe Oma, das bist du,
die Zeit mit dir war wunderbar.
All die Sachen, die wir taten,
und uns nie im Stich gelassen zu haben.
Es war ein schönes Geschenk,
dich kennengelernt zu haben.
Jetzt bist du fort und ich allein.
Du bist an einem für mich fremden Ort.
Mein Herz trägt einen Teil von dir.
Ich liebe dich von ganzem Herzen.

In Liebe, deine Enkelin
Mein erstes Gedicht, gesch. 14. März 1998

Ich danke dem Rediroma-Verlag für eine gute Zusammenarbeit und die Veröffentlichung meines Buches.

Ich danke allen aus dem medizinischen sowohl betreuerischen Bereich für ihre großartige Unterstützung.

Ich danke allen meinen tollen Freunden, die an mich geglaubt haben und immer für mich da sind, für ihr Verständnis und ihre Geduld.

Von Herzen eure Lilith Fia Hill

Nachweis

Vorwort und alle Gedichte sind von mir selbst verfasst. Gestaltung sowie viele schöne Naturbilder und Zeichnungen in diesem Buch sind von mir, dazu zwei Kinderbilder. Aus einem Kindergutachten habe ich ein paar Sätze original hinzugefügt. Einzig meinen Namen habe ich durch das Wort Kind umgewandelt.

Korrektorat: Sarah Rubal